# SIEBEN LEBEN
## UND ANDERE GEDICHTE

AF211530

# Jürgen Albers

# Sieben Leben

## und andere Gedichte
## 1986 – 2003

## Eine Auswahl
### (Neuauflage 2009
### mit fünf neuen Gedichten)

**Bibliografische Informationen der Deutschen Bibliothek**
Die Deutsche Bibliothek verzeichnet diese Publikation in der Deutschen
Nationalbibliographie;
Detaillierte bibliografische Daten sind im Internet über
http://dnb.ddb.de abrufbar.

©2009 Jürgen Albers
Herstellung und Verlag: Books on Demand GmbH, Norderstedt

Titelfoto: ©2005 Jürgen Albers, „Lago Maggiore"

ISBN: 9783839113028

# SIEBEN LEBEN

für die musik ein eigenes leben, lang genug
für all die lieder, zeit zu lernen das spiel
mit den noten, den klängen, den melodien:
ein leben dem tanz, dem gesang - wie im flug
vergingen die tage mit den akkorden,
entlang der saiten, über die tasten, durch die membrane,
auf der suche nach vollkommenen harmonien -
und vielleicht wär ich am ende fündig geworden.

hätt ich ein leben für das lesen, das schreiben,
vielleicht geläng es mir, in die geschichten
einzudringen, die unsere welt zur gänze zeigen:
umspült von worten ließ ich mich treiben
in ozeanen von gedanken, auch den meinen,
träfe auf die weisheit, ohne zu ringen,
alles fremde würd mir vertraut,
und am ende würd ich mich mit ihm vereinen.

auch bedürfte es ein leben, im reichtum der farben
und formen zu schwelgen, sich dem locken des licht-
und schattenspiels, dem zauber von kontur und tiefe
hinzugeben, um am ende gesehen zu haben,
was den flüchtigen blicken entgeht, um in bildern
teil der momente und jahrtausende zu werden,
und auch, um die eignen jahre festzuhalten, die kunst
zu beherrschen, sie als besonderes zu schildern.

ein leben bräuchte ich allein für die natur,
nicht nur um weit genug zu wandern und zu schauen,
staunend im angesicht der fülle und ihrer entfaltung,
nicht nur um zu schwelgen in wundern, nicht nur
um dem paradies wieder nahe zu sein, sondern auch,

um das fühlen und atmen neu zu erfahren, den herzschlag
zu hören, das rauschen des blutes wahrzunehmen. und um am
ende
auf mehr zurückzublicken als auf rodung und rauch.

auch der lust, den trieben würde ich ein ganzes leben gönnen,
wenn man's mir ließe. ich wünschte mir raum
für all die phantasien, die tausend arten der leidenschaft:
warum nicht alles ausprobieren können,
mit menschen, die dem gleichen rausch erliegen,
die fähigkeit nutzen, zärtlich zu sein, und darin
ein meister werden, die gier stillen und wieder neu entfachen,
um bis zum ende nie genug zu kriegen.

die kraft eines ganzen lebens verlangte das ringen
um gerechtigkeit, der mühevolle versuch zu verändern,
was uns hindert glücklich zu sein, ein ganzes leben,
das sich vielleicht lohnte, auch wenn ans gelingen
kaum zu glauben ist. der wille zu kämpfen erwacht
immer wieder, die gründe dafür nehmen kein ende.
der wut und der liebe nachzugeben, mag aussichtslos sein:
und doch wär's ein leben wert, dass man es macht.

und warum nicht ein leben, um es zu verschwenden,
durch das man stolpert ohne ziel, das man wegwirft,
als hätt man noch andere, das einen sinnlos lachen lässt,
mit dem man spielt und das man drehen und wenden
in diese oder jene richtung kann. es käme eben
nicht drauf an, was am ende bliebe: man täte dies,
man täte das, ging hierhin, dorthin, wieder zurück.
man war einfach da und nannte es leben.

sieben leben also wünsch ich mir,
und vielleicht sind sie mir gar gegeben.
nur die frage bleibt am ende doch:
wofür nutz ich *dieses* leben?

# Rapid Eye Movement

es wird zeit
aus dir gemacht: aus deinen wimpern
die schwingenden sekunden, aus deinen nägeln
die zähen minuten, aus deinen gebeinen
die starren jahre,

es wird zeit
aus dem vakuum, aus der flüchtigkeit
gepresst: tautropfen sterblichkeit im gras,
das wir durchlieben mit nackten dornzerfurchten leibern,
unbeweglich vegetierend, lächelnd versteinernd,

es wird zeit
aus uns gemacht: aus unserer abwesenheit
die vergangenheit, unsere zahnrädrigen umarmungen
zermalmen die zukunft, unser atem zerstaubt,
während wir den augenblick vernichten,

uns gen morgen räkelnd: entmagnetisiert,
relativiert, dividiert, schlicht allein.

und es wird zeit
für mich: schließlich auszuwachen, oder
auszuschlafen vom wachen.

# RONDO

komm und spiel mit mir
in den winden wirf den ball
und spiel mit mir in den lüften
tanz in den weiten fall
in meine arme tanz
und tausche deine seele
gegen die orkane spiel
mit den winden in den winden aus den winden
wirf den ball zu mir und singe
über die felder renne regne reck dich
in die lüfte erheb dich
und kehre zu dir zurück am morgen
aus den winden lass den ball und komm
spiel mit mir ein neues spiel

# DAS WEITE FELD

und dass die wunden uns heilen.
und dass der fall uns erhöht.
und dass die tränen uns kühlen.
und dass der schmerz uns betört.
und dass die blindheit uns blicken lässt
auf das weite feld unseres empfindens.

und dass die gier uns stillt.
und dass die feuer uns befreien.
und dass die lippen uns schließen.
und dass die kraft uns schwächt.
und dass die taubheit uns hören lässt
auf die tosenden echos in uns selbst.

und dass die adern uns sprengen.
und dass die nähe uns löst.
und dass der atem uns bedrängt.
und dass die sehnsucht uns erfüllt.
und dass die stummheit uns sprechen lässt
in der wilden wahrheit unserer leiber.

und dass die wellen uns zeichnen.
und dass die tiefen uns ausspeien.
und dass die stille uns fortweht.
und dass der halt uns entrückt.
und dass die nacktheit uns bekleidet
mit den warmen gewändern unserer hingabe.

und dass die angst uns stärkt.
und dass der wille uns freisetzt.
und dass der spiegel uns schluckt.
und dass die münder uns formen.

und dass die einheit uns teilen lässt
was wir schöpfen aus unseren prallvollen seelen.

und dass die reife uns verjüngt.
und dass die glut uns erfrischt.
und dass die qualen uns erlösen.
und dass die lichter uns löschen.
und dass die trockenheit uns tränkt
mit den wütenden wassern unserer begierde.

und dass die bisse uns herzen.
und dass die fülle uns entleert.
und dass die schwere uns erhebt.
und dass die beben uns betten.
und dass die dummheit uns lachen lässt
über die wirren fragen unserer hirne.

und dass die furchen uns ebnen.
und dass die erde uns erlöst
und dass die wurzeln uns entbinden.
und dass die saat uns zerstreut.
und dass die wüstheit uns ernten lässt
vom weiten feld unseres empfindens.

# Nichts als die Wahrheit

der fall ist
erledigt: die akten
geschlossen: die fakten
liegen auf dem tisch.

keine weiteren fragen.

wir haben uns des falls
entledigt. über die akten die augen
geschlossen: die fakten
liegen auf dem tisch,

doch darüber die lügen.

# ALTPAPIERTAG

hinfort mit den zeiten, den alten,
dem angestauten, den belanglosen belegen, hinfort damit!
brüchige briefe, kaffeefleckige korrespondenz, gelesen,
registriert, überflogen, hinfort!
träume, notizen, treffen, hinfort. in den container
das zu lang bewahrte, das nie benötigte, hinfort
mit der furcht zuviel zu verbrennen, hinfort
mit der hoffnung auf plötzlich erscheinenden nutzen,
auf plötzlich wiederkehrende bedeutung. ja,
hinfort mit den zeiten, den alten,
den belegten fehlschlägen, der langeweile,
dem ergrauten verlangen, dem verzagen zeile um zeile,
dem vielleicht ja doch, der gehefteten heillosigkeit,
der papierenen dekadenz, hinfort, sag ich,
mit der verschwendung.

zeit, den platz zu nutzen, zeit
neuer bedeutung raum zu schaffen,
zeit, wieder zu beginnen mit dem aufbewahren;
doch mit dem blick auf all den alten unsinn,
dem unverdauten, ungeschauten überfluss, der falschen fülle,
mit dem blick auf die eroberung der liegengelassenen,
losgelassenen stupidität durch staub und spinnen,
mit dem blick auf die handschrift eines einstmaligen,
vielleicht ja doch freundes: der vorsatz, denk ich,
diesmal besser auszuwählen.

# HIMMELSTRÜMMER

niederschläge, und mit ihnen
hinab stürzen splitter stratosphärischen glanzes, gläsern
die im licht verborgene lüge brechend.

niederschläge, und mit ihnen
trifft ein hagel schmerzender wahrheit
hungrige haut.

# IMMER DER IDIOT

ob ich kämpfe oder ob ichs lasse,
ob ich mich gehn lass oder fasse,
ob ich fliehe oder schreie in der not -
ich bin immer der idiot.

ob ich lang rede oder ob ich handle,
mich verstecke oder in der wildnis wandle -
ess ich allein oder brech ich das brot?
egal, denn ich bin immer der idiot.

ob ich liebe oder ob ich hasse -
bleib ich mir treu oder folg ich der masse,
werd ich verrückt oder bleib ich im lot?
egal, denn ich bin immer der idiot.

ob ich lebe, um zu wachsen und zu reifen,
oder um momente zu ergreifen -
am ende warten tränen, schmerzen, tod -
und ich war immer der idiot.

# DIE MORGENSEGLER

gegen das bäumen des alten tags, das hecheln
seiner wiedererweckten seele über den bäumen,
gegen den kalten atem, die verbrauchten
schwaden transparenter lebensnahrung

steigen sie auf, nach jahren des wartens
steigen sie, tasten sie sich hinaus
über die lederne rissige ebene
in den himmel zarter spitze,

seidener erwartung, bloß und blass
und brüchig noch die flügel,
wünsch ihnen hoffnung, wünsch ihnen
wind, die wucht der vermutung:

es sei zeit. hinauszuwehen ohne zaudern
gegen die gerinnenden strömungen in den betten
der schmutztrunkenen wolken, über

die kuppeln, die ketten, die kälte
hinaus, den netzen entkommen und
sie hinter sich von zeitschweren stürmen

zerfetzt zu sehen: sie sind
entkommen, soweit, sie haben
zeit wie klang in ihren leichten körpern.

leicht lassen sie zurück, was
zu gewinnen sie niemals begehrten,
doch was schwer an ihren fesseln zerrte,

entschlungen, entfesselt, entwurzelt

und hell, dem boden entklommen und
hinter sich die zeit die weiter lastet

auf den zögernden: auf den gesichtern
die schatten der entstiegenden,
der fliegenden freunde, denen noch gestern

kein wort gegönnt war, wo
tumulte tosend um wahrheit warben,
wo farben die blässe der lügen umtönten,

während zeit ihren plänen die stille gab,
in nächten die wut zum willen gärte,
und jener, die wut bedauernd, sich

endlich erhob. auf den gesichtern
der zögernden neid, der wartenden bereitschaft,
der zweifelnden leid, auf allen schatten

und endlich licht. und endlich leuchtend
schluckt die sonne in der ferne die sicht
der entschwindenden segler. sie stiegen

in das uneinsehbare, in das reich
der vermutungen, befreit von der gewissheit,
im klaren des morgens an den bäumen

die steinernen früchte der einzigkeit zu sehen,
an dürren ästen die wahrheit
ausgetrocknet bis zum kern zu ernten,

ausgesaugt der verbergende, süße duft
der wirrnis, verdunstet auch
auf den gräsern der tau der tränkte

schlaf mit leben. und weiter durch
wütende winter und windwüste sommer
zieht sich ihr flug

über die gepflügten äcker der endgültigen ernte.
der morgen legt sich weiter,
tiefer auf die prallen scheunen,

es scheinen die letzten stunden
auf den reif der dächer: fliegt ihr
mit der aussicht auf den herbst

unter euch und der unendlichkeit
über euch. über euch das reich
der horizonte, der heimat in der heimatlosigkeit,

der ziele längs der im unendlichen
gesteckten grenzen. windet euch
hinauf rosengleich in den blutenden abend,

dunkel und heiß und rot rinnt er
auf eure flügel, und nur tropfen
wie blüten erreichen uns noch.

ja, grüßt uns, erinnert uns an euch
mit staub und wind und abendröte,
in momenten in denen wir leise

und raschelnd unseren flügeln misstrauen,
und rasch uns begnügen mit der wärme
des rissigen bodens unter unseren nackten füßen.

wir scharren im sand unsrer stummzeit,
und von den zehen aufwärts kriecht die taubheit

der vernunft die uns hält

in unseren seelen, wo wir uns verhalten
wie erwartet. nein, grüßt mich, erinnert
und zertrümmert die gewissheit,

sucht, ergreift die flucht vor dem stein,
der festen wolke die fällt auf uns
die wir zersplittern zu kiesel,

kalk und bein. belanglos was wir sind
und waren. haltet euch nicht auf
mit uns, so wie wir niemals

euch halten konnten, nur, grüßt uns
hin und wieder, denkt an staub
und erde, an stunden, an den reif der dächer,

wenn ihr aufsteigt, nach jahren des wartens
gegen das bäumen des alten tags, das hecheln
seiner müden, müden seele über den bäumen,
gegen den kalten atem, den pesthauch

kümmerlichen haltens. lasst los
und steigt, tastet euch hinaus,
über die rissige haut der ebene
in den in seide gehüllten himmel.

nach jahren des wartens, nackt und nah
einander, flügel an flügel, steigt!
ihr braucht nicht unsere hoffnung,
ihr findet den wind, wo er weht,

zeitenlang und zeitenreich.

# SANDUHR

das klammern an zeit sand
der abwärts rinnt

illusion ewiger geltung

in der sekunde
am ende des trichters

des verharrens
das abgleiten

in die vergangenheit
der auf uns rinnt

sand
verschüttet von zeit

# Aufforderung zum Tanz

dir muss doch schwindlig werden,
manchmal, tänzerin, denn wie in trance,
sturmbewegt und endlos, ziehst du deine kreise,
entwindest dich den wurzeln, die aus eisiger erde um sich
greifen,
feuchte klauen, klamme fesseln.

sag: wird dir nicht schwindlig?
doch entwinde dich weiter, zuviele sind gefesselt.

du musst doch müde werden,
irgendwann, tänzerin, denn wie lang schon
drehst du dich fort, entrinnst du
den wellen, die aus wütenden meeren drängend
die richtung des stroms bestimmen.

sag: wirst du nicht müde?
doch entrinne weiter, zuviele schwimmen mit.

dir muss doch kälter werden,
mit der zeit, tänzerin, denn wie hart sind die orkane,
denen du wirbelnd entweichst, zäh und graziös,
und wie reißend sind die spiralenen schlünde, wie gierig
ist die wucht, die treibendes erfasst.

sag: wird dir nicht kälter?
doch entweiche weiter, zuviele sind erfasst.

du musst sehnsüchtig sein,
nicht wahr, tänzerin, dich sehnen nach einer ruhe,
an die du kaum noch glaubst, nach frieden vielleicht,
nach windstille über grünen, festeren böden,

nach geneigtem, nicht gebeugtem gras, nach flüstern,
nach möglichkeiten zerbrechlich zu sein und nicht
zerstört zu werden.

sag: wie sehnsüchtig bist du?
wartend auf den tag, der dich ruhen ließe.
solange noch, für diesen tag, und für jemanden,
sehnend, süchtig wie du, drehe dich weiter,

zuvieles steht still.

# KEIN MUT OHNE ANGST

dass du gespenstern trotzt, an die du lang schon nicht mehr
glaubst,
kann ich nicht bewundern. dass du die götter deiner feinde
lästerst,
ist keine heldentat, solange die furcht vor dir selber bleibt.

dass du dich bereit erklärst, die welt zu retten, ist leicht, weil du
weißt:
niemand wird dir zürnen, falls es misslingt. gut gemeint,
wird man sagen, dich loben für deine flucht vor dir selbst.

dass du nach kampflosen niederlagen lamentierst über die
feigheit
des gegners, ist verlogen, du weißt es: wähltest du ihn nicht, da
seine macht
die resignation nicht als schande erscheinen lässt?

dass du bei gewittern auf den feldern bist, zeugt nicht von
tapferkeit,
wenn deine größte furcht es ist, im haus mit dir allein zu bleiben:
mehr als der tod zeichnet das leben dir das entsetzen ins gesicht.

dass du mich liebst, solang ich nichts verlange, spricht wohl für
deine sehnsucht
nach gefühlen. doch wo sie beginnen, ernst zu werden, ziehst du
dich
in die beliebigkeit zurück, bleibst mir beweise schuldig.

dass du von mut sprichst, wenn du ein weiteres mal versuchst,
mit deinem kopf
die wand zu rammen, treibt mir ein trauriges lächeln ins gesicht:
was sonst

sollst du tun, um all die andren schmerzen zu betäuben, ohne sie
jemals zu heilen.

dass du gespenstern trotzt, die du so wenig ernst nimmst wie sie
dich bedrohen,
ist kein grund zu glauben stärker zu sein, als jene, die ihre angst
gestehen.
was sonst heißt mut, als ihr endlich ins gesicht zu sehen?

# BLUES #1 - #3

## #1

heute - nein kein guter tag die welt zu ändern.
während es draußen regnet warte ich,
bis der kaffee durch ist, ärger mich
über den schrott in den fernsehsendern.

jetzt - nicht der moment sich selbst zu fragen,
ob die dinge gut sind wie sie laufen.
ich nehme sie in kauf und red mir ein,
dass es nicht lohnt zu klagen.

morgen - könnte ich vielleicht beginnen
mit einem neuen leben, oder aus den resten
des alten noch was machen.
morgen - heute - jetzt lass ich die zeit verrinnen.

## #2

ja ja ich unterdrücke
das gähnen weil es mich
anödet so gelangweilt zu sein

zeitungen die überflogen werden
weil es nichts gibt das mich noch
interessiert ja ja

geschirr das ich spülen
könnte wenn ich nicht wüsste
dass ichs doch nicht brauche

eine kaffeetasse
reicht bier trink ich
aus der flasche ich

rauch zuviel die asche rieselt

zu boden wo sie nicht stört ja ja
ich hab ein paar bücher die ich
lang schon mal lesen

wollte proust shakespeare joyce und da
ist eine ausstellung kunst
von joseph beuys warum

nicht die zeit nutzen
und eine oper hören wagner
schlägt die zeit schon

tot und mich dazu
warum nur sitz ich rum
und seh den pflanzen

beim vertrocknen den regalen
beim verstauben zu ja ja
ich sollte den tag

nutzen singen träumen
und an etwas glauben vielleicht
erhebt sich aus dem innern

bald sowas wie inspiration vielleicht

kommt die muse bald
und räumt bei mir auf einstweilen

sag ich ja ja

prost shakespare prost
joyce leider
nichts neues

# #3

mag die nacht sich senken auf schmerz und überdruss,
mag der morgen bluten und mögen seine farben
aufgesaugt werden von den papiernen stunden die folgen
mag es mir auch nichts nützen, wenn ich erkennen muss:

dies ist es nicht, nein, nicht was ich wollte.

mag der grat zwischen lüge und beschwichtigung
auch enger werden, ich gehe ihn noch eine weile,
bevor ich abwärts gleite ins karge tal
der selbsterkenntnis, ausschauend nach einer anderen richtung:

dies ist es nicht, nein, nicht was ich wollte.

mag das lachen lauter auf die tauben ohren prallen,
mögen abgestumpfte finger gierig nach den resten
erkaltender befriedigung greifen. mögen die bedürfnisse
auch primitiver werden, die schamgrenzen fallen:

dies ist es nicht, nein, nicht was ich wollte.

mag ich mir auch noch immer nicht
im klaren sein, was es ist, was besser wäre,
und ob ich überhaupt das beste will:
das was ich wollte, nein, dies ist es nicht.

# FILE NOT FOUND

wir gelangen nie ans ziel

tasten uns vorwärts von einer möglichkeit
zur nächsten von einer hoffnung
zu einer kleineren und schrauben erwartungen

schritt um schritt zurück

machen uns versprechungen
und klopfen an türen hinter denen
niemand mehr wohnt vielleicht

nie jemand war

es ist nie so leicht dass man
einfach eintritt und findet
was man suchte es geht nie

so schnell zuende dass man nur
hingeht etwas hinterlegt
und alles ist erledigt nein

es gibt offensichtlich nicht den
einen ort den man betritt
im gefühl man ist da.

# MOMENTAUFNAHME

nur ein wort
zuviel

zerstört das gesagte.

nur ein schritt
zu weit

führt vom weg.

nur einen moment
zu plötzlich

und es findet niemals statt.

# UMHÜLLUNG

trag den tag wie einen mantel der dich kleidet,
schützt und wärmt, dir nicht zu groß ist, keinesfalls
zu eng, nicht kratzt, nicht drückt, nicht schneidet

in dein fleisch. trag den tag in deinen farben,
zieh dich zurück oder öffne ihn, lass keinen wind,
doch licht an deine haut und ihre narben.

trag den tag wie einen mantel, zieh ihn aus,
wenn du fühlst er wird schwerer und nützt
dir nicht mehr: es ist abend, und du bist zu haus.

# LET'S GET LOST

was ist mit den orakeln und propheten,
was raten sie mir, was nützen sie mir?
weder befolg ich ihren rat, noch ignorier
ich ihn - und letztlich weiß ich gar nicht,
was ich von ihnen wissen wollte.

was ist mit den experten, exegeten?
ich lass sie erklären und werd wirr.
sinnlos zu wissen, dass ich irr,
wenn ich's nicht besser wissen will
und eh weiß, dass sich alles ändern kann.

was lese ich fahrpläne, regelwerke,
rausch durch fluten der information,
verhedder mich in netzen, spiele spion
in fremden leben und glaube, erfahrung
wäre was mich weiterbringt.

was sagen mir karten und legenden,
wenn ich nicht weiß, wo ich eigentlich bin,
und ob meine reise am beginn
oder kurz vor ihrem ende steht.
welchen weg soll ich nehmen, und wo will ich hin?

was ist mit mir, dass ich nicht längst
die anker gelichtet und den kompass
über bord geworfen hab, dass
ich nicht drifte und den winden
die kontrolle lass: nicht um zu finden

sondern um verloren zu gehen.

# DER GÖTTLICHE HUNGER (Suite)

was für eine art von liebe suchen wir,
jene, die man die wahre nennt, oder
jene, die man nur so nennt, ohne
es zu meinen, vielleicht jene, für die man bezahlt,
auf die eine oder andre art. suchen wir
liebe auf den ersten blick, wünschen wir uns
kein zurück, oder nur ein abenteuer, wollen wir
lieber platonische liebe, oder doch lieber
körperliche. was ist mit unglücklicher liebe,
oder unerfüllter, vielleicht lieben wir
auch nur die illusion von liebe. und

auf welche weise suchen wir die liebe,
indem wir warten, indem wir hasten,
indem wir greifen, indem wir tasten,
indem wir ausprobieren, indem wir sie kreieren,
indem wir uns verlieren, indem wir nach ihr gieren.
suchen wir liebe, um nicht allein zu sein, oder
suchen wir liebe, um uns zu teilen. suchen wir liebe,
um nicht verwundet zu werden, oder
suchen wir liebe, um zu heilen.

✱

ziellos durch den regen, verloren in der enge
unverrückbarer architektur, entlang
geschlossener hoffnungshäfen, einladender wüsten,
rettung suchend unter der kuppel von rauch, stuck und
gelächter,
vielleicht kränkelnd, trocknend
bei kühlem getränk: hungrig,

unstillbar hungrig: und blicke die flüchtig gewechselt werden,
und haut die mich streift und süßer duft
scheinen schon teil des zehrens, töne
im lied der sirenen, das uns trotz aller ziele, winde,
trotz allen navigierens in eine richtung lenkt.

unstillbar hungrig: und worte die nicht sagen was sie meinen,
und lippen die schweigend erst glühen
scheinen schon teil des begehrens, schimmern
auf dem uferlosen meer, auf dem wir treiben und träumen,
endlich versinken zu dürfen,

zielerlöst in den tiefen.

✳

nicht die sterne stillen diesen hunger. der mond
lässt uns dursten, und der morgen findet
uns gefesselt an erfüllung, und befriedigung bindet
uns bereits an einen neuen traum: ob es sich lohnt,

ihm zu folgen, entscheiden wir nicht. wir sind
längst teil von ihm, ihm ausgeliefert schon in dem moment,
in dem wir vom vorigen erwachen. sehnsucht brennt
schon lang bevor die nacht beginnt.

der göttliche hunger verzehrt uns, indem er uns lieben
und weiter hungern lässt nach liebe. satt
zu sein bedeutet: uns ist nichts geblieben.

der durst der welten ernährt uns, indem wir leben
und dürsten nach neuem leben. und nur wer genug hat,

hat nichts mehr zu geben.

✸

ziellos durch den regen, das wasser
wäscht vom stein die erde, wäscht
vom bein das fleisch, wäscht unsere leiber
rein und glättet unsere haut. verwischt
unsere spuren, vermischt unsere leben,
lässt uns eins sein, zielerlöst.

# STARDUST

blicken wir
dem schlimmsten ins auge

hoffen wir
das beste. im augenblick

bleibt uns
nichts übrig, nur die aussicht

auf die reste, immerhin: ein schatten
ferner angst, der glanz noch fernerer größe.

# BLUE IN GREEN

horizonte, nie erreicht.
weiten, die reichen

in die unbegreiflichkeit. und doch

das meer, wie weich.
der himmel, wie leicht

ist die berührung.

# SAMMLUNG

ich wasche die letzten hemden des sommers,
hänge sie in den schrank und erwarte den regen.

ich sitze zum letzten mal draußen und wunder
mich wie dunkel es schon ist.

ich blicke so oft zurück, immer
in dem gefühl, es sei das letzte mal.

ich schließe zögernd die sammlungen ab,
denke es beginnt nun was neues.

ich höre die lieder, die mich begleiteten,
und in ihren nachhall mischen sich andere klänge.

ich treffe noch immer die menschen, die ich
kennen lernte, und frage mich, ob sie bleiben.

ich glaube die dinge ändern sich, ich will
die entwicklung, die aussicht, die überwindung.

ich wasche die letzten hemden des sommers,
weiß nicht, ob ich sie jemals wieder tragen werde.

# GEHN WIR HINAUS

gehn wir hinaus, ins leben zurück,
hinweg über den tod und die klagen.
auch wenn die alten zweifel an uns nagen:
ich habe eine neue zeit im blick.

ich kann kaum glauben, dass es besser wird,
am liebsten würd ich mich verkriechen.
doch ich kann den mief schon riechen
des menschen, der nur vegetiert.

gehn wir, die ersten schritte tun noch weh,
doch dieser tag lockt so wirr und so hell
mit liebe und schmerz und mit hundegebell:
es gibt zuviel, das ich noch nicht versteh.

# GEHN WIR HINAUS (II)

gehn wir hinaus, zu all dem zurück,
das wartet jenseits der tore: merkwürdig,
denkwürdig und unwürdig. märtyrer, märchenprinzen,
marktwirtschaftler. halbherzigkeit, vollwertigkeit,
doppelte böden. unfälle zufälle wutanfälle.
wahrscheinlichkeiten wahrhaftigkeiten wahrzeichen:
standorte, machtworte, horte der stabilität, gehn wir,
komm, gehn wir hinaus.

funktionäre, millionäre, gedanken-
schwere, düstre himmel. dumme lümmel.
kein halt im gewimmel. rinderwahn,
weisheitszahn. stau
auf der autobahn. schlau-
berger, alltagsärger, sonntagskuchen, alles
mal versuchen, gehn wir hinaus:
bekenntnisse erkenntnisse unkenntnis
der lage: wohlstandsgefälle, einzelzelle, regenfälle.

armut unmut mißmut. umverteilung. wunder-
heilung. gehn wir, beeilung! gehn wir hinaus
aus uns: sexspiele, ferne ziele, wahre gefühle.
große pläne. löwenmähne oder dritte zähne.
falsche ernährung, keine erklärung, wunder-
bare brotvermehrung. gehn wir hinaus: erlösung,
notlösung, keine lösung. schlaf-
tabletten, harte betten, menschen
in ketten. schwellenländer spruchbänder schmutz-
ränder. überstunden, frische wunden, über
die runden. gehn wir hinaus.

kalter wind, liebes kind.

blut, das rinnt. gehn wir hinaus,
die show beginnt. kandidaten, kauf
in raten, falsche karten, hinaus, hinaus,
gehn wir hinaus. wucht des geschehens.
trauer des vergehens. wunder
des bestehens. totenstille, siegeswille, nahrungspille:
nichts bleibt und alles treibt und irgendwer
reibt sich die hände. ohnmacht,
farbenpracht, liebesnacht. wieder
zuende, noch eine wende: tägliches brot, alles
im lot: gehn wir, gehn wir hinaus.

haltlos, gestaltlos,
falsches los. gehn wir hinaus.
frohe hoffnung, rohes fleisch, hohe erwartungen.
gehn wir hinaus, schuldig gesprochen.
gehn wir hinaus, längst ausgestochen.
gehn wir, gehn wir hinaus mit herzpochen.
trotzdem gehn wir, deshalb
gehn wir, gehn wir weiter
hinaus. komm, gehn wir, immer weiter
hinaus. hinaus, hinaus...

# AUF DASS SIE UNS NIE VERLASSEN...

auf dass sie uns nie verlassen, die blütenreichen,
auf dass sie das grau zerreißen, das uns
an manchen tagen in verzweiflung stürzt.

auf dass sie gelegentlich einen blick werfen
auf uns, auf dass unser mühen auf dem wege
der schöpfung bleibe und nicht zu eitel werde.

auf dass sie kommen, wenn man sie ruft,
doch bitte nicht zu schnell, auf dass sie uns zwingen,
das leben zu kosten, bevor es in den einfall mündet.

auf dass sie ihre augen zudrücken, gelegentlich,
die lichten, wissenden, sprießenden: auf dass
wir nie vergessen, dass wir sie uns verdienen müssen.

# Über eine neue Liebe

beginnt das leben
oder endet es mit dir
was wirst du mir geben
was nimmst du mir

lohnt der versuch
oder macht er's nur schlimmer
ist es nicht selbstbetrug
oder ist es für immer

beginnt es überhaupt
oder warten wir auf den beginn
der wirklichkeit beraubt
der zeit, die durch die finger rinnt

# EIN TREFFEN MIT DIR

manchmal ist man
der wahrheit näher
als der wirklichkeit

manchmal spürt man
den schmerz erst
bei der heilung

manchmal nennt man
die dinge beim namen
weil man sie nicht kennt

manchmal weiß man
was man will und dass es
gar nicht darum geht

manchmal ist man
sich erst nah
wenn man loslässt

manchmal schweigt man
weil man einander
viel zuviel zu sagen hat

manchmal geht man
um das wiedersehen
zu ermöglichen

# NICHTS BESONDERES

ja, du kannst hallo sagen
und auf wiedersehen
oder vorüber gehen
als ob ich nicht existiere,
aber das ist nichts besonderes

du kannst berge erklimmen
reißende flüsse durchschwimmen
kannst drachen töten, schlangen essen
siege erringen oder ruhmreich verlieren
aber das ist nichts besonderes

du kannst mich verachten
bemitleiden, belächeln,
kannst mich begehren, bewundern,
benutzen, kannst mit mir spielen,
aber das ist nichts besonderes

ja, du kannst mir helfen
oder es einfach lassen,
die sterne für mich zählen
oder die sandkörner am strand
aber das ist nichts besonderes

ja, du kannst kommen,
kannst gehen, wie du willst,
kannst lieben und hassen, mir dein leben
oder deinen tod hinterlassen.
aber das ist nichts besonderes.

# UNVOLLSTÄNDIGE VISION

wenn das letzte buch gelesen ist
die letzte seite umgeschlagen
wenn alle rätsel gelöst sind
alle schlachten geschlagen

dann

wenn das letzte lied verklungen ist
der refrain verhallt
wenn die redegewaltigen schweigen
und alles neue ist alt

dann

wenn die kunstwerke entschlüsselt sind
alle gräber geplündert
alle fehler behoben
und alle schmerzen gelindert

dann

wenn es nichts mehr zu klären gibt
nichts mehr zu gewinnen
wenn alle häupter gekrönt sind
ausgereizt alle sinne

dann

wenn die hände bluten vom letzten applaus
und jeder berühmt ist und reich
wenn jeder seinen sermon gab
und alle sind endlich gleich

dann

wenn jede frau genommen wurde
und jeder mann befriedigt ist
jeder ein genie und jeder sein eigener klon
wenn alle geschäfte erledigt sind

dann endlich,
ja, dann schon –

was?

# JAHRE

während des wartens
auf ein zeichen von dir
erscheinen alle symbole bedeutungslos

während des wartens
auf ein wort von dir
erscheint alles gerede belanglos

während des wartens
auf eine regung von dir
erscheint selbst der sturm still

wie ein flüstern, wie ein hauch

während des wartens
auf ein lächeln von dir
erscheint alles gelächter hohn

während des wartens
auf einen blick von dir
sieht die welt durch mich hindurch

während des wartens
auf das klingeln des telefons
erscheint selbst der donner

so fern, so schwach

während des wartens
auf die gewissheit deiner liebe
erscheint mir jeder glaube sinnlos

während des wartens
auf dich
gibt es mich nicht

während des wartens
darauf, dass die sekunden vergehen
ziehen jahre an mir vorbei

mich kaum streifend, wie ein hauch.

# UNBEFRIEDIGENDER SCHLUSS

ein paar jahre
die üblichen worte
weniger haare
verlassene orte
das wars schon

erkaltende küsse
unerfüllte träume
denkbare schlüsse
leere räume
das wars schon

mehr war nicht drin
wo kommen wir hin
wir wollen zuviel
wir kennen kein ziel

hin und wieder ein sieg
und liebe auch, am rande
möglicherweise krieg
zweifelnd am verstande
das wars schon

genug auf der habenseite
faschisten und angepasste
ausladende weite
ausgegrenzte und geschasste
das wars schon

wir sehen den abspann
fragen uns: wann

folgt der zweite teil?
schlechte nachricht, weil

es wird keinen geben.

# TOP

die nächste ebene
der höhere level

der zweite versuch
der neue anlauf

was immer wir tun

der ultimative kick
der letzte schrei

der geilste fick
der perfekte body

was immer wir tun

der optimale partner
die solide finanzierung

die effektivste zeiteinteilung
die genaue orientierung

was immer wir tun

der preiswerte kauf
der längste lauf

die beste kondition
der kürzeste weg

was immer wir tun

der größte schock
das gewagteste outfit

die höchste quote
die letzte rate

was immer wir tun

das letzte wort
haben wir nicht.

# NACKT

die kleider vom leib reißen
die wahrheit ans licht zerren

die lüge lüge heißen
den dreck hinfort kehren

und es liebe nennen

die träume verwirklichen
dir in die augen blicken

alles veröffentlichen
dich nicht nach hause schicken

und es liebe nennen

jetzt und hier beginnen
ins nichts fallen

sich nicht mehr entsinnen
die nägel ins fleisch krallen

und es liebe nennen

die seele aus dem leib schreien
die lippen benetzen

einander befreien
das papier zerfetzen          lieben

und es nicht benennen

# (AN SIE)

und nun?                          *das unkraut wächst*
noch immer                        *aus der alten erde*

du                                *rufst gelegentlich an,*
fragst wie's mir geht             *und nennst mir deine kontonummer*

und ich                           *fühle mich wohl*
                                  *wenn ich hier sitze*

denke die trauer ist gut

und außerdem                      erträglich

# GEGEN MORGEN

gehn wir besser schlafen.
gehn wir besser nun.
schön dass wir uns trafen.
doch zeit ists dass wir ruhn.

sagen wir besser nichts mehr.
belassen wirs dabei.
es ist sowieso zu schwer
und im grunde einerlei.

packen wir die sachen.
räumen wir das feld.
wir können trinken, lachen,
doch niemand ist ein held.

# NOVEMBER

november mit seinen zweifeln
und der frage ob man durchhält

wie lang wie kalt wie finster
wird der winter und wie warm

bleibt es im innern wieviel wärme
kann man speichern reicht sie

bis der schnee schmilzt und licht
wunden freilegt und vielleicht

auch heilt die frage ob man
durchgehalten hat und immer

noch fühlt dass fleisch und haut
die knochen bedecken

# EPILOG

du standest neben mir an dieser stelle, zwei-
dreimal. wir sprachen über unser leben, über diesen ort.
du sagtest, du wollest niemals fort
von hier, und ich lachte, ich war frei.

du nanntest mir die rollen, die du spieltest,
oder gerne einmal spielen würdest. du versuchtest
ihnen gerecht zu werden, und du verfluchtest
sie so manches mal. ich weiß nicht was du fühltest,

ich fühlte mich dir nah. der blick auf diesen fluss,
die dämmerung, die brücke zur anderen seite: wir sahen
und spürten das gleiche, vielleicht das nahen
der konsequenzen aus dem entschluss.

merkwürdig leicht fiel es mir, jahre aus meinem leben
zu streichen, aber vielleicht besteht die schwierigkeit
darin, neu zu beginnen. ich weiß es nicht. zur zeit
fühl ich mich wohl, aber ich muss zugeben,

dass ich mich frage, wer du nun für mich bist.
wir sprachen über menschen, die wir beide kennen,
und die träume, denen sie hinterher rennen -
oder nachtrauern. sag mir, was das bessre ist:

sich selbst treu zu bleiben und damit vielleicht jemanden,
der einen hindert zu leben - oder neue wege zu gehen,
den kurs zu ändern, versuchen zu verstehen,
dass man sich kettet wenn man festhält. wir standen

zwei-, dreimal, vielleicht noch öfter hier: der blick
auf diesen fluss, die dämmerung, die einsetzende kühle.

der himmel erschien mir klar, klarer als meine gefühle.
sie waren gut, glaub ich - besser als der blick zurück.

# BEI DIR

zerfetzt was mich hielt
verstaubt was mich lockte
gelöst was mich bremste
verbrannt was mich band

benetzt meine lippen
beraubt meiner zweifel
erlöst meine seele
verbannt alle fragen

# HAUSNUMMER 6

hier spielten wir, der raum ist verlassen,
du bist nicht hier, du bist weit fort.
hier liegt unser keks, hier stehn noch die tassen,
wir gingen gemeinsam von diesem ort.

hier steht mein rad, ich benutzte es selten,
das bett machte ich noch beim letzten mal.
dies war wohl nur eine von vielen welten,
die cola im kühlschrank ist längst schal.

hier liebten wir, du zogst nie richtig ein,
die bohrmaschine kam niemals zum einsatz.
die wäsche auf dem ständer dürfte trocken sein,
und eigentlich ist alles an seinem platz.

hier, sagtest du, sei eine lade ganz für mich:
postkarten, briefe, fotos, was ich dir schenkte.
du warst nicht mehr hier, seitdem, ohne mich,
nachdem was auch immer dich wohin auch immer lenkte.

hier begann alles, hier erdete es auch.
hier erlebte ich liebe, lust nahe dem wahn,
hier spürte ich deinen atem, den letzten hauch.
nun wird es kalt hier, und vielleicht tropft der hahn

# SPIELEN

muss ich es am ende
doch lüge nennen
müssen wir uns doch
auf diese weise trennen

ist am ende nichts geblieben
als hohle worte und ein spiel
an das du gerne glauben wolltest
solang es dir gefiel

wenn es nur fehler wären
die wir uns eingestehen müssten
und es schmerzten nur erinnerungen
daran wie wir uns küssten

wenn es doch ein kapitel bliebe
wenigstens in unserer beider leben
doch du wendest dich jetzt ab
als hätts das alles nie gegeben

dreh dich nur noch einmal um
und blick mir offen ins gesicht
sag mir: es war einmal wahr
nein ich weiß – das kannst du nicht

und ich muss doch am ende
lüge nennen was wir einmal hielten
unser traum war nur die szenerie
und gespielt nur was wir einmal fühlten

# ALL INCLUSIVE

der mensch träumt nicht mehr, der mensch denkt nicht mehr,
der mensch will nur mehr, denn er hat gezahlt.
einst hatte alles einen sinn, einst tat man sich mit allem schwer,
heut hat alles einen preis, und den hat man gezahlt.

und damit hat man dann ein recht, und darum kann man was
verlangen,
und zwar jetzt und zwar sofort, denn man hat gezahlt.
warum soll man noch hoffen, warum soll man noch bangen,
man kriegt das was man braucht, dafür hat man gezahlt.

man kriegt ein bett, für etwas mehr auch eine frau,
man kriegt was geiles, denn man hat gezahlt.
man kriegt sein essen, lieber etwas flau,
und man verdaut es, denn man hat gezahlt.

man kriegt spaß, zumindest, meistens aber thrill
man fühlt sich super, irgendwie, denn man hat gezahlt.
man kriegt bildung, auch wenn der verstand nicht will,
man darf wer sein, man hat gezahlt.

man kriegt erinnerungen, man kriegt unvergessliches,
und das schon im voraus, denn man hat gezahlt.
man kriegt das schönste, nicht sowas hässliches,
man kriegt nur das beste, denn man hat gezahlt.

der mensch kauft freunde, weil er sonst ja einsam bliebe,
der mensch will es einfach, denn er hat gezahlt.
der mensch liebt nicht mehr, der mensch kauft sich liebe,
der mensch will es passend, dafür hat er gezahlt.

und darum kann nichts schief gehen, darum kann nichts
passieren,
das leben ist einfach, wenn man bezahlt.
man hat nichts zu befürchten, und nur wenig zu verlieren:
der tod ist mit drin, dafür hat man bezahlt.

# DAS OHR ®

Vincent dein gesicht
kennt heute jeder spießer. postkarten plastiktüten poster.
Vincent dein gesicht
verzerrt auf baumwollbedeckten bierbäuchen. posthum
kennt man jenen spinner. zu genial zum leben, posthum
ein milliardär, mehr
wissen sie nicht zu sagen. dein wahn ein witz,
auf zelluloid dein leiden. mitleid einen kinoabend lang,
und das gefühl dass kunst ein seltsames geschäft -

Vincent du armer,
das kreuz trug Jesus, jetzt tragen sie dein ohr,
Vincent, zu markte.
verzerrt zu einer lumpenbedeckten vogelscheuche: du, postiert
in schaufenstern deine sonne. zu grell die farben, postiert
ein abglanz, mehr
wissen sie nicht zu sehen. dein kampf ein kapitel,
im lexikon zwei spalten. mit leid muss man rechnen
als künstler. dass kunst ein seltsames geschäft

ist, wissen wir. ist,

Vincent, das alles?
einen van Gogh, sagen sie.
ich will ein bloßes bild
von dir und wissen
was es brauchte es zu schaffen.
ein van Gogh, sagen sie,
konnte das alles,
und du, was wissen sie,
hattest auch nur deine hände,
deine augen, lerntest wie ein kind,

fielst nicht vom himmel,

fielst ihnen in die hände:
heiliger hirnverbrannter verbannter verliebter.
liebling der schlangesteher, der abhaker,
der wundergeilen hinseher, der stumpfen stauner: ja.
wunderschön und doch - man sieht ja er war -
und kunst ist ja auch so ein seltsames geschäft.

bevor sie gehn,
eine postkarte noch, ein paar groschen
für einen van Gogh.
ich will ein bloßes bild,
ahnen was es brauchte:

auf der leinwand dieselbe sonne die uns scheint.
das einfache licht, das leben dem wir erlegen sind.
um das wir kämpfen, das aus der erde wächst
und nicht vom himmel fiel. auf der leinwand diese welt,
Vincent, das alles!

# MILTON ON THE ROAD

*paradise lost* zu lesen in den uns gelassenen minuten
erzeugt trost und tiefe trauer: zurückgedrängt
in die eventualität, warten wir:
bis wir an der reihe sind, warten wir wahrscheinlich
bis uns niemand mehr ruft.

es bleiben minuten, atemzüge.
milton, shakespeare, mozart: die fülle
unseres langen lebens zwischen den stationen und
verabredungen.
es bleiben minuten, straßen, züge,

wege, weichen: uns bleibt nur
was wir retten in die uns gelassenen minuten.
das paradies, die erde, die hölle
unseres langen lebens zwischen den seiten, kontrapunkten,
themen und thesen.

# ES GIBT KEIN ZWEITES MAL

es gibt kein zweites mal. während wir träumen,
kitzeln tag und tod an unseren zehen.
während wir lieben, bereiten wir uns vor
zu gehen, und indem wir uns freuen, bekräftigen wir
die traurigkeit des unwiederholbaren. es gibt
kein zweites mal, kein nochmaliges küssen,
kein erneutes, endgültigeres aneinanderschmiegen.
während wir die stunde genießen, müssen wir
die macht der jahre erkennen. in der erinnerung
leuchtet uns die einmaligkeit unseres erlebens.
zurückholen lässt sich kein gefühl, wir rennen
den schöneren momenten hinterher, planen die wiederkehr
reifer augenblicke, die unserem welken nicht einhalt
gebieten. es gibt kein zweites mal.
und indem wir den glanz neuer sterne am ende der nacht
begrüßen wie das strahlen der alten sonne,
verkennen wir den morgen, den anfang,
die gegenwart. denn wir warten vergeblich auf das,
was wir kennen: es gibt kein zweites mal,
kein wiedersehen in den farben vergangenen lichts,
keinen halt in den strömen verglühender wonne.

# WO DER SOMMER NIEMALS ENDET

bald schon bald
wird es morgens wieder dunkel sein,
es ist nacht, wenn wir erwachen, und
es ist kalt.
wir verarbeiten die hellen stunden,
sehen die sonne
untergehen über das, was uns gehört,
und haben wir uns endlich gefunden
zwingt uns der schlaf uns fallen zu lassen.

bald schon bald
werden uns eis und matsch jeden schritt verleiden,
und letztlich bleiben wir zuhaus, verhüllen
unsere frierenden leiber und zittern noch immer:
der wind findet doch die undichten stellen,
schneidet in unsere wunden,
und was bereits schmerzte, wird jetzt schlimmer.
was wir ignorierten, hassen
wir jetzt, und selbst was wir liebten
können wir bestenfalls noch gut leiden.

bald schon bald
starren wir in kerzenflammen und suchen die romantik,
die wir als jene kinder kannten, die wir wieder
sein wollen: singen lieder von erwartung und glück,
und reden auffällig viel vom himmel,
an dem wir uns letztlich doch nur eine sonne wünschen,
deren wärme uns wieder erreicht. quälen
uns ab im menschengewimmel
mit dem kauf von geschenken und schenken
uns doch nur das eingeständnis,
dass uns nicht besseres einfiel, versuchen

irgendwie zu zeigen, dass wir aneinander denken,
und fragen uns, ob diese dinge wirklich zählen,
und manch einer kommt zur erkenntnis, dass es besser wäre,
eine reise in den süden zu buchen.

bald schon bald
bekommt dies land den winter,
den es verdient: die kälte fühlt sich hier zuhaus,
und all das schimpfen und fluchen
holt die langen abende nicht zurück,
die ungenutzt hinter uns liegen.
in heuchlerischen mänteln gehn wir hinaus,
und auch für den rückzug in die dumpfheit
sind alibis leicht zu kriegen.
bald schon bald, bist du bereit?

jahr um jahr
bin ich es weniger. bin ich weniger willig,
dies alles zu ertragen: es ist als ob um ein viertel
meines lebens man mich betröge.

jahr um jahr
will ich mir weniger einreden,
dezember januar februar
hätten doch auch ihre guten seiten.

jahr um jahr
macht mir der winter deutlicher klar,
dass ich ihn nicht erleben will:
denn als das grausamste symptom erscheint er mir
einer krankheit, die die wahl nur läßt
zwischen verkriechen und vergehen.

jahr um jahr
will ich es weniger sehen:

das erstarren, das verdecken, das siechen.

jahr um jahr
will ich ihn weniger hören:
den trost, dass er vorübergeht.
welche verschwendung, immer wieder zu zerstören,
bevor es dann wieder beginnt. und warum
es beginnen lassen, wenn es doch wieder vergeht?

und jahr um jahr
glaub ich es weniger, dass er wirklich verschwindet.
wir tauen nicht schnell genug, und wir gedeihen nie bis zur reife:
stets die trägheit, die kein ende findet,
stets diese kühle und beklommenheit, wessen hand
ich auch ergreife. ich will keinen winter, erst recht nicht
in diesem land.

mehr und mehr möcht ich leben, wo der sommer niemals endet.
wo die tage lang genug sind, um alles zu sagen,
wo ich aufwach, weil die sonne mich blendet
und ich aufsteh, um alles zu wagen.
mehr, viel mehr muss es geben, wo alles viel länger währt.
wo nicht die dunkelheit zu früh alles begonnene unterbricht.
wo es nicht vermessen ist, dass man begehrt
und dass man stehn will im licht um zu sagen:

mehr und mehr möcht ich leben.

# FÜR WEN DIES LAND GEMACHT IST

die drängler und hetzer am samstagmorgen,
auf den straßen und in supermarktgängen,
wie sie kämpfen und sich vorwärtszwängen,
um noch das letzte stück brot zu besorgen,
um eine sekunde wertloser zeit zu gewinnen,
wie sie sich rüsten fürs wochenende,
als ob ein krieg vor der türe stände.
nach all dem wahn darf die freizeit beginnen:
das ersehnte ziel ist die fernsehnacht.
die menschen, die nerven und kräfte geben,
um sich zu laben am ungelebten leben:
für sie ist dieses land gemacht,

für jene, denen die werbung lebenshilfe ist,
weil sie sonst niemandem vertrauen,
stolz, nur auf handfestem zu bauen,
glauben sie keinen religiösen mist.
jene, die nehmen, was sie geboten kriegen
und dafür geben, was erwartet wird,
jene, die man wie kinder verführt,
die jeder bestechung erliegen,
und jedem winken der macht.
für die verdiener, die sich beteiligen,
nicht für die verrückten und heiligen
ist dieses land gemacht.

für jene, die immer arbeit hatten,
und hatten sie keine, dann haben sie's vergessen,
für jene, die stets zuviel trinken und essen,
für die bis zum überdruss satten,
für männer mit träumen von stets heißen frauen,
für frauen, die leidenschaftliche lover brauchen,

die auf inseln was von amore hauchen
und ihnen tief in die augen schauen,
für menschen, denen man die träume macht
und die gern dafür bezahlen,
für jene, die mit dem gekauften prahlen,
ist dieses land gemacht.

hier bekommen sie, was sie brauchen, und hier braucht man sie.
und dass es nicht geld ist, womit sie zahlen, merken sie
wahrscheinlich nie.

für betrüger und betrogene,
für jene, die gern noch stärker wären,
die sportler und manager verehren,
für lächler und verlogene,
für jene, die die kurse kennen,
und sich für experten halten,
die glauben, dass sie mitgestalten
und doch nur hinterher rennen.
für den aktionär, der über entlassungen lacht,
und für jene, die noch nicht entlassen sind,
die mitspielen, solang es von neuem beginnt:
für sie ist dieses land gemacht

# [00/01]

wir brauchen wenige worte - aber die richtigen
es reichen wenige dinge - nur die wichtigen

es bleiben wenige momente - aber die für immer
und wenige träume - der rest ist glimmer

es gibt nur wenige wahrheiten - wer will sie hören
was lässt sich mit bestimmtheit sagen - worauf sollen wir
schwören

wir gehen selten gerade wege - und auf denen gehn wir meist
allein
und wer kennt schon vollkommne menschen - und wie sollten
sie sein

ist es der kopf, das herz, die schönheit oder weisheit, die wir
erstreben
entscheidend ist nicht wer wir sind - entscheidend ist was wir
uns geben

# IM WIND

ich wünschte dich wiederzusehen
drunten bei den feldern ich wünschte
dich zu verstehen zum ersten mal
ich wünschte es wäre im wind
ein trauriges lied und auf unseren lippen
ein erkennen

# GEDICHTE AB 2004

# PSEUDO

Pseudogötter, Pseudoglück
In Pseudoträumen Pseudoküsse
Pseudohitze, Pseudoblick
Dank Pseudonahrung Schnellgenüsse

Das Echte ist nur ein Ideal
Das Virtuelle ist real
Wahrheit ist ein Label
Nutz es je nach Faible

Pseudogrinsen, Pseudoleid
In Pseudodramen Pseudoliebe
Pseudoängste, Pseudozeit
Pseudo auch was sonst noch bliebe

Das Echte ist nur eine Qual
Das Vollkommne eine Zahl
Tiefe ist 3D
Flachheit auch O.K.

Quoten machen Wirklichkeiten
Rollenspieler streiten
Nähe gibts in kleinen Dosen
Vertraun wir den bekannten Posen

Das Echte ist gut produziert
Das Gute das was sich rentiert
Glaube ist ein Kleid
Die Mode hälts bereit

Pseudoleben, Pseudotod

In Pseudowelten Pseudotreiben
Wir empfinden keine Not
Die Frage ist nur wo wir bleiben

Falls es uns gibt.

# HERZ

Es bietet Raum
für dich, für uns,
für meine Träume, mein Verlangen,
für Fehler, Reue und Verzeihen.
In ihm stapeln sich
Gefühle, purzeln Wünsche
und Enttäuschungen.
Zweifel wuchern hier, und Freuden wachsen
Tag um Tag, und noch immer
ist Raum

für Erinnerungen, süßen Schmerz,
für Unvollendetes und Abgelegtes,
für Gekostetes und Fortgefegtes.

Die Wände beben
vor pulsierender Hoffnung, vor Kraft
und treibenden Plänen, entspannen
im Frieden des Moments, weiten sich
für Neues, Anderes, zerreißen fast
angesichts der Wucht der Liebe
die nie endet, nie versiegt, und doch
bleibt Raum

für alles, was passiert,
für alle, die passieren oder bleiben,
die berühren oder weitertreiben,

Freunde und Gegner,
Gefährten und Freunde,
Gesichter, Gesten, Worte,
Echos und Mantras,

Lichter, Feste, Orte,
all das findet Platz
in der Größe einer Faust.

Gott ist hier, und manchmal,
zu oft auch seine Widersacher.
Mein Wille wird von hier getrieben, aber auch
Trägheit nistet hier zu gern, in diesem Hort
der Weisheit, in dem das Virus der Verführung
so viel Nahrung findet.

Raum ist hier, in meinem Herzen,
das mich betrügt und beschenkt,
das nicht denkt und doch die Antwort kennt,
das mich lenkt und nicht lügt, denn es hat Raum
für nicht nur eine Wahrheit.

# LOTOS

durch den müll, den schlamm,
durch das träge, dumpfe treiben,
durch den dunst, das flirren, durch wut
und überdruss, aus der zertretenen, zerwühlten,
zerfurchten erde, zwischen tritten, rädern, pflügen
trittst du hervor, dringst an die sonne, bringst das licht,
bist das licht.

dieser dung aus qualvoll gefühltem,
aus hadern, zweifel, lügen, dieser dampfende,
geschichtete, verdichtete dreck
nährt dich, birgt dich, lässt dich treiben,
nach oben, ins licht,

in den gassen gedeihst du, in den hinterhöfen,
in den hütten, auf den halden, dich tränken
schweiß und tränen, blut und schnaps:
ekel zeugte dich, und leid, auch tod.

die gebeine der gefallenen, die leiber der vergessenen,
die verbrannten güter, die ausgedienten träume,
sie sinken hinab in die tiefen die dich gebären,
sie modern dahin in deiner muttererde,
wärmen dich, bedrängen dich, zwängen dich
nach oben, ans licht,

durch die schalheit, die verzweiflung,
durch traurigkeit und wahn,
durch das biotop der fahlheit, die kalte asche
der verlassenen feuer, die aufgewühlten und zurückgelassnen
                                            lager,
nach oben, an den tag

dringst du, durch menschlichen humus.
wirres wurzelwerk, kalten kies und kantigen stein
umwindend, findest du deinen weg
nach oben, hinaus

um zu atmen, um dich zu öffnen
blatt um blatt, blüte um blüte,
um zu wachsen, um dich zu entfalten,
öffnen zum licht, um zu scheinen, zu glänzen,
um zu betören und staunen zu lassen,

dringst du an den tag, an unsere augen,
in unsere herzen, in deiner makellosen schönheit,
unbeschädigt, unbeschmutzt, reiner als alles, was wir je sahen,

strahlst du das licht zurück,
das dich anzog, als dunkelheit dich schuf,
strahlst du in klarheit, pflanze des lebens.

# MÜCKEN

wartest du
auf einen Sommer ohne Mücken
auf buntes Leben ohne Kleckse

wartest du
auf ein Abenteuer ohne Risiko
auf ein Erwachen in einem Traum

wartest du
auf Menschen die besser sind als du
denen du vertrauen kannst – mehr als dir selbst
auf die du bauen kannst – deine Visionen

wartest du
auf Herausforderungen die dir entgegenkommen
die du bewältigen kannst – ohne dich zu ändern
die du verstehen kannst – ohne zu lernen

wartest du
auf einen Sommer ohne Mücken
bis zum Herbst, bist du dann

zufrieden?

# DIE ALTEN STIMMEN

In Momenten des Aufbruchs,
an der Schwelle zur Veränderung
hörst du sie: die alten Stimmen.
Zwei Schritte mehr auf deinem Weg,
die Sicht auf etwas Neues,
da hörst du sie: die alten Stimmen.

Sie sagen dir – oh du weißt was sie sagen.
Sie sind dir vertraut, viel zu vertraut.
Sie sagen zum Beispiel: das kannst du nicht wagen,
du bist doch noch immer
in deiner alten Haut.

In Zeiten des Umschwungs,
auf dem Gipfel des Erlebens
hörst du sie: die alten Stimmen.
Wenn du atmest – so tief wie nie –
und liebst – so intensiv wie nie –
hörst du sie, die alten Stimmen.

Sie sagen dir – ich sag's besser nicht,
du hast genug davon, mehr als genug.
Sie halten dich, lassen dich straucheln
und machen deinen Höhenflug
zum Selbstbetrug.

Es sind die Stimmen sogenannter Freunde,
und meistens meinen sie es gut.
Sie sprechen durch Erinnerungen und Enttäuschungen
und sie loben deinen Mut
zwar, aber...

Du kannst sie im Fernsehen, im Radio hören,
auch im Auto und im Bett,
sie buhlen um dich und sie schwören:
Wir kennen dich, und du kennst dich auch.

Sie kommen in Wellen und sie säuseln,
sie klingen gütig und sie klingen streng,
du kennst von früher und von fernen Orten:
Und wenn sie da sind, wird es eng, so eng.

Sie sagen dir – es ist auch egal was sie sagen.
Sie kommen mit Gründen und dem Verstand,
und sie kommen, weil sie fürchten,
du nimmst dein Leben
in die Hand.

# INHALT

**Neue Gedichte (ab 2004)**